LA GRANDE IMAGERIE

LES CATASTROPHES NATURELLES

Conception
Émilie BEAUMONT

Auteur
Cathy FRANCO

Dessins
Jacques DAYAN

FLEURUS

FLEURUS ÉDITIONS, 15-27, rue Moussorgski, 75018 PARIS
www.fleuruseditions.com

LES SÉISMES

Toutes les trente secondes, la terre tremble dans le monde. La plupart de ces secousses du sol, appelées séismes ou tremblements de terre, causent peu de dégâts. Mais, une ou deux fois par mois, un séisme violent a lieu quelque part sur notre planète. Toutefois, la gravité d'un tremblement de terre ne dépend pas uniquement de la violence de la secousse. Un séisme de faible puissance peut avoir de terribles conséquences lorsqu'il est associé à certains facteurs : constructions fragiles, forte densité de population, sol plus ou moins instable...

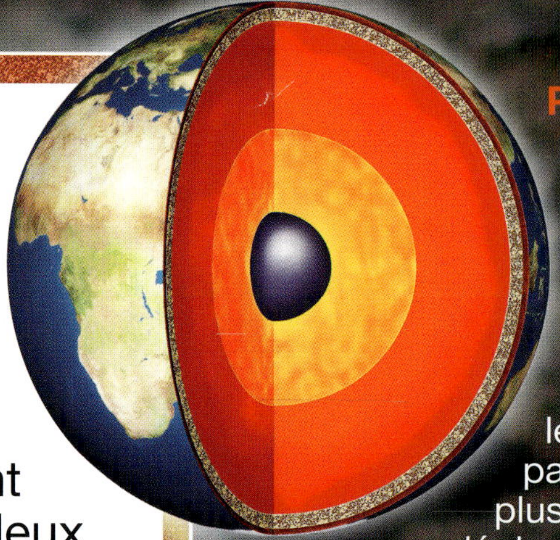

Pourquoi y a-t-il des séismes ?

La surface de notre planète est formée de gigantesques plaques rocheuses, appelées plaques tectoniques, qui font environ 150 km d'épaisseur. Certaines s'encastrent les unes dans les autres. Elles bougent très lentement (quelques centimètres par an), portées par de la matière plus chaude et déformable qui se déplace en profondeur. C'est à la limite de ces plaques que se produisent les tremblements de terre. Les plus violents ont lieu quand elles se percutent ou coulissent l'une contre l'autre.

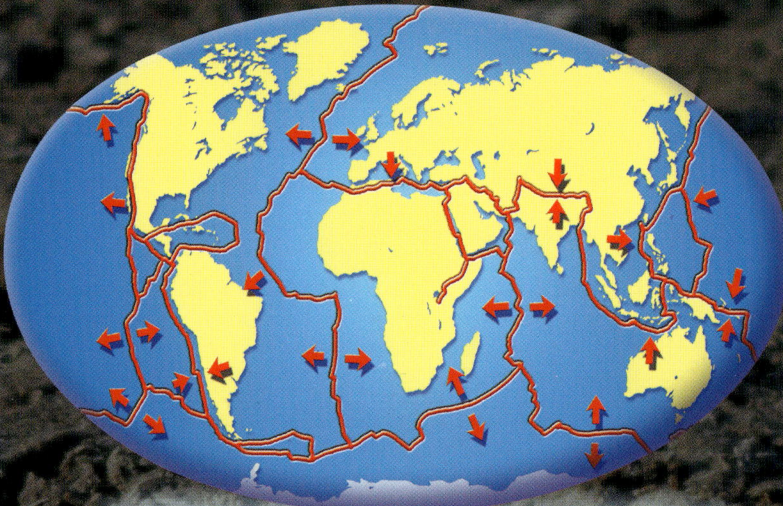

Mécanisme d'un séisme

L'endroit (en profondeur) où se produit la rupture dans la roche lors d'un séisme est appelé le foyer. L'énergie libérée est si brutale qu'elle génère des ondes, dites ondes sismiques, qui se propagent à travers les roches environnantes. L'épicentre, situé en surface, à la verticale du foyer, est le point où le tremblement de terre est le plus dévastateur.

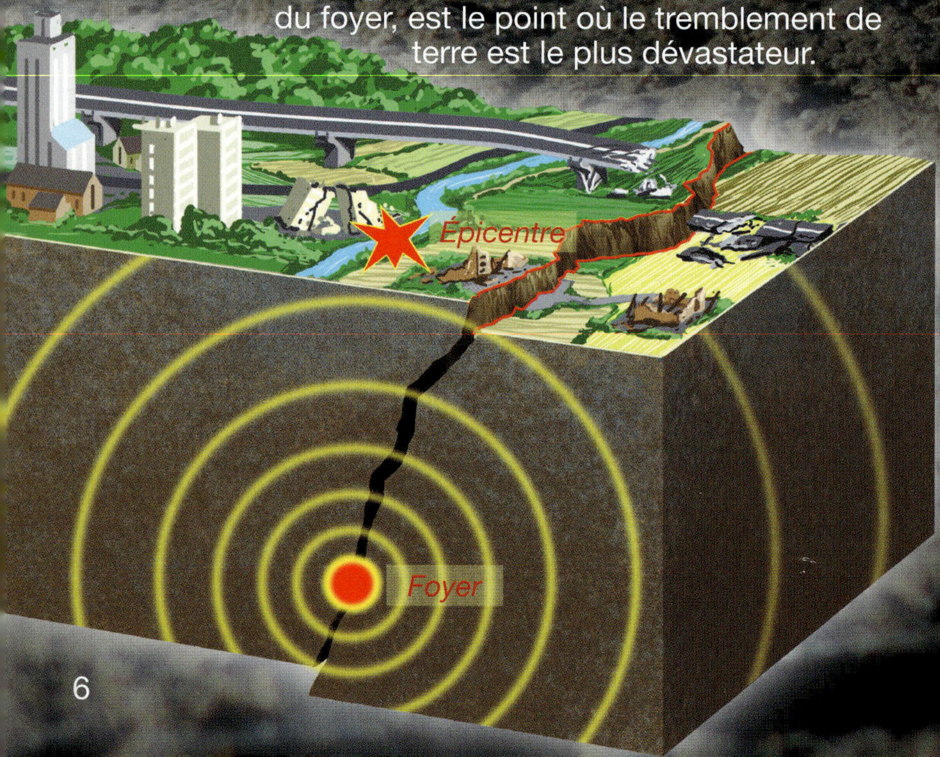

Comment mesurer la force d'un séisme ?

Pour connaître la force (ou magnitude) d'un séisme, les sismologues, spécialistes des séismes, utilisent des sismomètres. Ces appareils hypersensibles enregistrent les moindres secousses du sol. Les vibrations émises sont retranscrites sur une bande de papier. Plus les vibrations enregistrées sont fortes, plus la magnitude du séisme est élevée. La magnitude d'un séisme est mesurée sur l'échelle de Richter, numérotée de 1 à 9,5. Chaque degré de plus multiplie par 30 l'énergie libérée par les secousses. Les dégâts dus à un séisme sont mesurés, eux, sur l'échelle de Mercalli, graduée de 1 à 12.

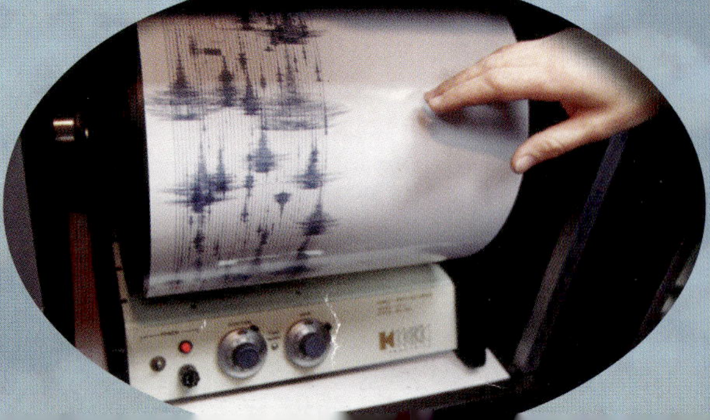

San Andreas sous haute surveillance

La Californie est à cheval sur deux plaques qui coulissent le long de la faille de San Andreas, longue de 1 100 km. De temps en temps, les bords de cette faille bougent et provoquent un séisme. On sait qu'un gigantesque tremblement de terre, le Big One, aura bientôt lieu dans la région. Mais quand exactement ? Nul ne le sait, car la prévision à court terme en matière de séismes reste très difficile : un tremblement de terre n'est pas précédé de signes avant-coureurs manifestes pour l'homme. On tente donc de prévenir les dégâts que causerait un tel cataclysme en construisant des immeubles parasismiques, capables de supporter de violentes secousses, mais aussi en surveillant la faille de très près.

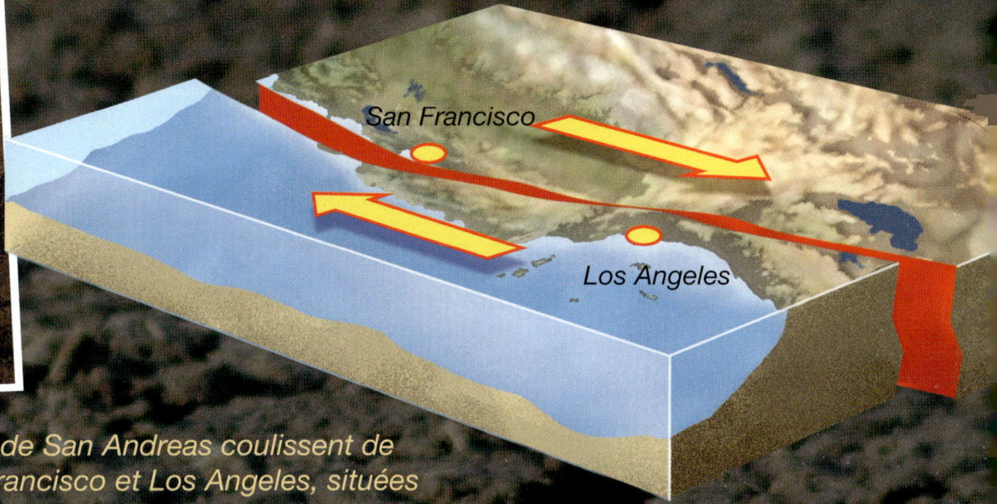

Les bords de la faille de San Andreas coulissent de 3 à 4 cm par an. San Francisco et Los Angeles, situées de chaque côté de la faille, seront un jour réunies !

Le Japon, une zone à haut risque

Le Japon est victime des mouvements incessants de quatre grandes plaques tectoniques. La plaque pacifique avance vers ce pays d'une dizaine de centimètres par an et plonge sous les autres, provoquant des séismes particulièrement violents. L'image de droite montre des rails tordus par le séisme de Kobe, en 1995, de magnitude 7,2 sur l'échelle de Richter.

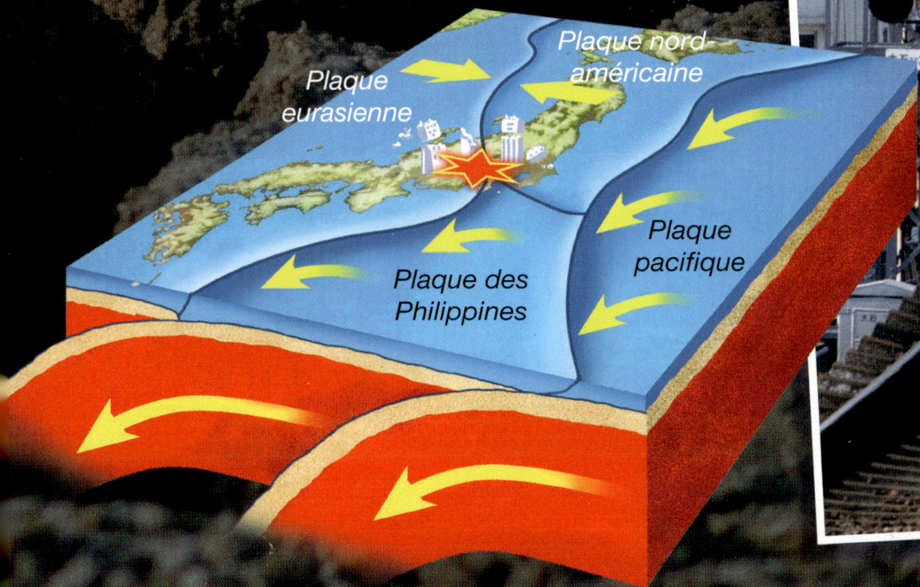

Des effets dévastateurs

C'est dans les villes que les tremblements de terre sont les plus redoutables. Souvent, la rupture des canalisations de gaz provoque des incendies que les pompiers ont du mal à éteindre, car les conduites d'eau sont éventrées. Les lignes électriques sont coupées. Les principales voies d'accès sont impraticables, ce qui empêche l'acheminement des premiers secours et augmente le nombre de victimes.

Région d'Anchorage, Alaska, 1964

La secousse fut l'une des plus violentes jamais enregistrées : 9,2 sur l'échelle de Richter ! Des fissures de 10 à 20 m de profondeur s'ouvrirent dans le sol de la ville d'Anchorage. Fort heureusement, la région était peu peuplée. On ne déplora « que » 115 victimes.

Loma Prieta, Californie, États-Unis, 1989

Ce séisme, d'une magnitude de 7,1 sur l'échelle de Richter, causa d'importants dégâts. Sur l'image, une portion d'une autoroute à deux niveaux s'est effondrée.

Port-au-Prince, Haïti, 2010

D'une magnitude de 7,3 sur l'échelle de Richter, ce séisme fut particulièrement terrible, car il s'est produit à faible profondeur et l'épicentre ne se trouvait qu'à quelques kilomètres de Port-au-Prince. En outre, beaucoup de maisons de la capitale, très densément peuplée, étaient peu solides. 230 000 personnes ont péri lors de cette catastrophe et 1,5 million d'habitants se sont retrouvés sans abri.

Les gestes qui sauvent

Dans les régions à risque, on apprend aux gens à réagir en cas de séisme. Dans les écoles (au Japon, en Californie, aux Antilles ou dans la région de Nice, en France), des exercices d'alerte ont lieu régulièrement pour apprendre les bons gestes sans céder à la panique. Au Japon, chaque écolier dispose dans son casier d'un casque de protection ou d'une petite capuche rembourrée et sait qu'il doit se glisser sous son pupitre dès que la sirène retentit. Ci-contre, les élèves ont été rassemblés loin des bâtiments.

Secourir : agir vite... et bien

Après un séisme, il faut pouvoir dégager au plus vite les personnes prisonnières des décombres. C'est le travail des spécialistes en « sauvetage-déblaiement », un exercice extrêmement dangereux puisqu'il consiste à s'engager entre les plaques de béton pour atteindre les blessés sans que l'immeuble s'écroule un peu plus. Tout en déblayant, il faut consolider l'édifice ! Mais ce n'est pas tout : il faut aussi se tenir prêt à fuir à la moindre réplique du séisme. En effet, après chaque séisme, des dizaines de secousses, appelées répliques, se produisent encore. Leur intensité diminue peu à peu au fil des jours et des semaines.

Les secouristes font appel à des chiens de décombres, spécialement entraînés pour ce type de catastrophe. Ils utilisent des appareils acoustiques munis d'écouteurs et de micros capables de déceler les battements d'un cœur ou encore une caméra endoscopique, munie d'un long tube flexible, pour tenter de localiser les survivants.

LES TSUNAMIS

Un tsunami est une succession de vagues plus ou moins hautes, parfois géantes, provoquées par les déformations et les déplacements du plancher marin après un séisme, un glissement de terrain ou une éruption volcanique. Le premier signe d'un fort tsunami est souvent un reflux massif des eaux : la mer se retire rapidement sur plusieurs centaines de mètres puis revient quelques minutes plus tard avec une force inouïe, ravageant les côtes et faisant de nombreuses victimes. Les tsunamis sont à distinguer des raz de marée, d'énormes vagues soulevées par les tempêtes ou les cyclones qui submergent le littoral.

Comment se forme un tsunami ?

Lors d'un gros séisme sous-marin ou d'un effondrement de terrain, un important volume d'eau est déplacé. Ce mouvement engendre un train d'ondes qui se propage à travers l'océan à une vitesse pouvant atteindre celle d'un avion de ligne. En mer, le tsunami est à peine perceptible. Mais lorsqu'il atteint les côtes, les vagues générées sont de plus en plus hautes (de 1 m, 10 m, ou exceptionnellement 30 m). L'eau pénètre massivement à l'intérieur des terres en un flot d'une puissance colossale.

Le tsunami de 2011 au Japon

En mars 2011, un violent séisme d'une magnitude de 9 a fait trembler le Japon et engendré un important tsunami. Des vagues de plus de 15 m de haut ont balayé les côtes de Honshu, emportant tout sur leur passage. La centrale nucléaire de Fukushima a été fortement endommagée, laissant craindre un nuage radioactif de grande ampleur.

Ci-dessus, la vague géante déferle dans le port de Miyako, emportant les voitures sur son passage.

Un bateau, porté par la force phénoménale de l'eau, s'est échoué sur le toit d'une maison à Otsuchi. Après ce terrible séisme, la population a eu une demi-heure pour gagner les hauteurs avant l'arrivée de la vague géante. Plus de 15 000 personnes sont mortes, parmi lesquelles des personnes âgées et des gens tentant de s'enfuir en voiture mais piégés dans des bouchons.

Le tsunami de 2004, le plus meurtrier

Le 26 décembre 2004, la terre tremble dans l'océan Indien, au large de Sumatra, en Indonésie. Le séisme, de magnitude 9,2, provoque un terrible tsunami qui dévaste le sud de l'Asie : Indonésie, Thaïlande, mais aussi Inde et Sri Lanka, plus à l'ouest. Les vagues, d'une incroyable violence, s'enfoncent à l'intérieur des terres sur plusieurs kilomètres à la vitesse d'un cheval au galop, anéantissant tout. On dénombre plus de 220 000 morts et 5 millions de sans-abri. Le tsunami est si fort qu'il se propage jusqu'aux côtes africaines, à 6 000 km de l'épicentre !

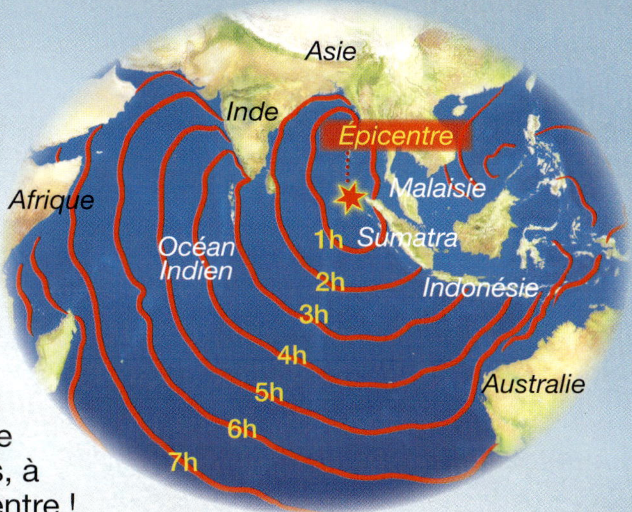

Le schéma ci-dessus montre la propagation de l'onde du tsunami dans les heures qui ont suivi le séisme et les différentes régions touchées.

La baie de Banda Aceh (Indonésie) avant et après le tsunami. Les vagues géantes ont tout anéanti. En 2004, l'océan Indien ne bénéficiait pas d'un système d'alerte aux tsunamis performant, ce qui explique le grand nombre de victimes. En outre, la population n'avait souvent jamais entendu parler des tsunamis et ne connaissait pas les signes avant-coureurs d'un tel phénomène, qui impliquent de monter rapidement sur les hauteurs : un retrait massif des eaux, l'envol de nombreux oiseaux, des animaux fuyant vers l'intérieur des terres, des éléphants brisant leurs chaînes...

La protection contre les tsunamis

Elle nécessite une surveillance permanente des tremblements de terre grâce à des sismomètres placés en réseau sur les îles et les continents, mais aussi à des tsunamimètres, des capteurs situés sur le fond marin qui mesurent les variations de la hauteur de l'eau au-dessus d'eux. Les informations sont transmises par liaison satellite, via des bouées comme celle ci-contre, aux centres d'alerte aux tsunamis, qui peuvent estimer où et quand un tsunami va frapper et alerter les populations.

LES VOLCANS

La plupart des éruptions volcaniques se produisent à la limite des plaques tectoniques, quand le magma, issu des entrailles de la Terre, se fraie un passage jusqu'à la surface. Certaines sont effusives : la lave s'échappe du volcan en coulées fluides. D'autres sont explosives. Ce sont les plus dangereuses. Aujourd'hui, les volcans montrant des signes d'activité sont surveillés en permanence. S'il est désormais possible de détecter les signes de leur réveil, on est en revanche toujours incapable d'évaluer la durée et l'intensité d'une éruption.

Explosifs !

Les volcans les plus redoutables appartiennent à la famille des volcans gris, qui n'ont pas de coulées de lave. Le magma, très pâteux, s'accumule à l'intérieur, emprisonnant les gaz. La pression augmente, augmente... jusqu'à l'explosion ! Le sommet du volcan est littéralement décapité, libérant un gigantesque panache de gaz brûlants et de cendres incandescentes qui s'élève dans le ciel à plusieurs kilomètres de hauteur, avant de retomber en causant d'innombrables dégâts.

Nuées ardentes : un souffle fatal

Ces avalanches de cendres et de gaz brûlants, dont la température est supérieure à 250 °C et dont la vitesse atteint plus de 200 km/h, sont l'une des manifestations les plus dangereuses des volcans gris. Sur leur passage, tout est soufflé, anéanti. Elles se forment quand un panache de cendres trop lourd pour s'élever dans le ciel retombe et dévale les pentes d'un volcan, ou quand le flanc de ce dernier explose. En 1902, après l'éruption de la montagne Pelée, en Martinique, une terrible nuée ardente déferla à plus de 600 km/h sur la ville de Saint-Pierre, faisant 28 000 morts en deux minutes ! L'image ci-dessous montre la progression d'une gigantesque nuée ardente consécutive à l'explosion du volcan Pinatubo, aux Philippines, en juin 1991. Ce volcan dormait depuis plus de six siècles lorsqu'il s'est réveillé.

Cendres dévastatrices

Après l'explosion d'un volcan gris, les cendres retombent en pluie durant plusieurs jours et recouvrent des régions entières (ici, après l'éruption du Pinatubo, aux Philippines). Les particules volcaniques en suspension voilent le soleil, entraînant une chute des températures. Il arrive que le climat soit perturbé à l'échelle mondiale : projetées très haut dans le ciel, les cendres atteignent la stratosphère et font le tour du globe. Le trafic aérien peut être paralysé, comme ce fut le cas en Europe après l'éruption du volcan islandais Eyjafjöll, en 2010.

Parfois, l'explosion d'un volcan très élevé fait fondre la neige et la glace couronnant son sommet. L'eau se mêle aux cendres, entraînant de redoutables coulées de boue, les lahars. C'est ce qui s'est produit en Colombie en 1985. Après l'éruption du Nevado del Ruiz, un terrible lahar déferla sur la ville d'Armero, située à 50 km en contrebas du volcan, et l'engloutit : 23 000 personnes périrent.

Des coulées de feu

Les coulées de lave, très spectaculaires, causent des dégâts impressionnants mais se déplacent en général suffisamment lentement pour laisser aux populations le temps de s'enfuir. Il est parfois possible de dévier une coulée de lave pour qu'elle ne menace pas les zones habitées, comme cela a déjà été fait sur l'Etna, en Italie. En 1973, en Islande, on a même réussi à stopper la progression d'une coulée qui menaçait un port en l'arrosant pour la refroidir.

QUAND LE VENT SE DÉCHAÎNE

Le vent, source d'énergie appréciée, peut aussi s'avérer redoutable. D'une force colossale, les tornades aspirent tout sur leur passage. Elles sévissent un peu partout dans le monde mais sont particulièrement fréquentes aux États-Unis. Les tempêtes soufflent sur les régions tempérées. Celles qui touchent l'Europe se forment en général sur l'océan Atlantique et sont dues à la confrontation entre de l'air chaud tropical et de l'air froid polaire. Les cyclones tirent leur énergie de l'évaporation de l'eau au-dessus des mers tropicales.

LES TORNADES

Une tornade se développe au-dessus des terres à partir d'un nuage orageux. De l'air froid descend tandis que l'air chaud et léger venant du sol s'élève. Les deux courants tournoient l'un autour de l'autre, générant une puissante colonne d'air tourbillonnant qui s'étire jusqu'au sol et agit à la manière d'un gigantesque aspirateur. La vitesse des vents qui animent une tornade atteint 120 à 500 km/h ! D'un diamètre de 10 m à 1 km ou plus, elle se déplace très vite, entre 50 et 105 km/h.

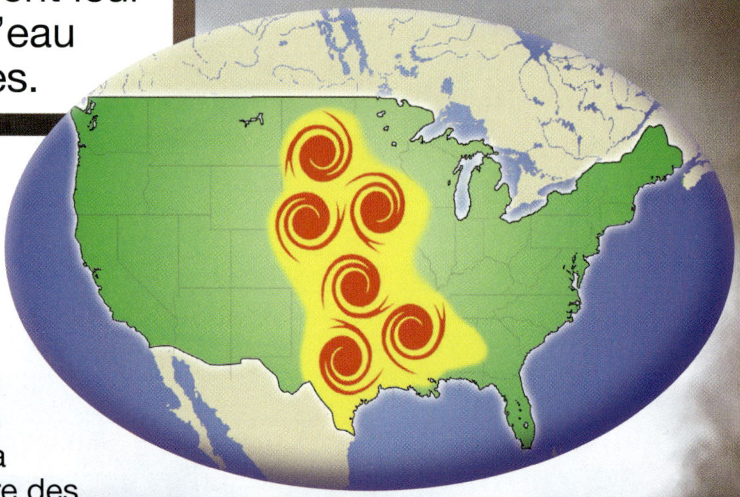

L'allée des tornades

Les États-Unis sont le pays le plus touché par les tornades (plus de 700 par an). La plupart ont lieu dans une vaste plaine qui s'étend entre le Texas et l'Illinois, connue sous le nom de Tornado Alley (l'allée des tornades, en jaune sur la carte). Elles sont dues à la rencontre entre des courants d'air froid et sec venant du Canada et des courants d'air chaud et humide venant du golfe du Mexique. Leurs dégâts sont considérables, comme ci-dessous, en 2013, dans l'Oklahoma.

Incroyable !

Des poulets plumés vifs par la force phénoménale des vents, des fétus de paille plantés comme des clous dans des murs en béton : les tornades ont des effets pour le moins surprenants. En 2008, dans le Tennessee, aux États-Unis, un bébé et sa mère, qui le tenait dans les bras, ont été emportés par une tornade et retrouvés vivants à 1 km de leur maison.

Une tornade se déplace par bonds. Dans une même zone, certaines maisons sont épargnées, d'autres pas.

À gauche, un abri anti-tornades dans la Tornado Alley, aux États-Unis. La plupart des gens en possèdent un et s'y réfugient à la moindre alerte.

Un exercice à risque

Certains scientifiques poursuivent les tornades à bord de véhicules pour mieux les étudier de l'intérieur. Une station météo embarquée prend diverses mesures au passage du tourbillon. Ces « chasseurs de tornades », comme on les surnomme, comptent aussi de nombreux amateurs passionnés, qui n'hésitent pas à braver le danger pour assister à ce phénomène et prendre des photos spectaculaires.

Malgré la surveillance météo et les alertes diffusées par radio, les tornades font chaque année une centaine de morts aux États-Unis.

LES TEMPÊTES

Ces fortes dépressions sont accompagnées de vents violents soufflant à plus de 100 km/h. Il arrive que les rafales atteignent des vitesses de 170 à plus de 200 km/h. C'est ce qui s'est produit en décembre 1999, lors des deux tempêtes successives qui se sont abattues sur la France et une grande partie de l'Europe. D'une ampleur sans précédent, elles ont fait près d'une centaine de victimes et causé plus de 7 milliards d'euros de dégâts. Des forêts entières ont été rasées (voir ci-contre), les toits des maisons emportés, les pylônes électriques renversés, les routes et les voies ferrées coupées.

Anatomie d'un cyclone

Un cyclone est formé d'une zone calme, appelée l'œil, où le vent est faible et le ciel clair. Autour tournoient des vents violents, qui forment le mur du cyclone. Un cyclone se déplace à une vitesse de 30 à 35 km/h.

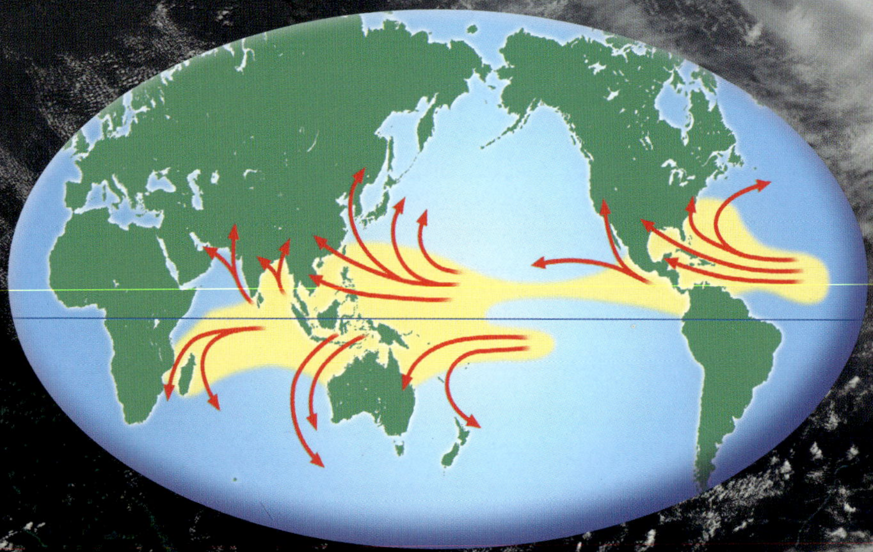

Les zones de formation des cyclones

Nés au-dessus des mers tropicales, les cyclones peuvent parcourir des milliers de kilomètres et sévir pendant plusieurs semaines. Ils meurent dès qu'ils survolent des mers froides ou s'enfoncent à l'intérieur des terres, car c'est uniquement dans l'air chaud saturé d'eau qu'ils puisent leur énergie.

LES CYCLONES

Ces tempêtes tropicales d'une rare violence naissent au-dessus des mers chaudes. La vapeur d'eau s'élève et forme des nuages qui se déploient en une spirale de vents tourbillonnants qui peut atteindre la superficie d'un pays comme la France. Lorsqu'ils atteignent les côtes, les cyclones sont redoutables, car la force des vents, dont la vitesse peut dépasser 300 km/h, se mêle aux pluies diluviennes et aux raz de marée, qui provoquent de terribles inondations. Ils portent des noms différents suivant leur origine : ouragan (Antilles francophones, Amérique du Nord), typhon (Asie), willy-willy (Australie). Le premier cyclone de l'année porte toujours un prénom commençant par la lettre A. Puis on suit l'ordre alphabétique.

En août 2005, la ville de La Nouvelle-Orléans, aux États-Unis, qui se trouve sous le niveau de la mer, a été inondée à 80 % après le passage du cyclone Katrina. Les trois digues qui protégeaient la ville ont cédé. Par endroits, l'eau a atteint 7 m de haut !

Des météorologues traversent les cyclones à bord d'avions blindés pour en mesurer l'intensité et les caractéristiques. Un exercice périlleux mais nécessaire pour améliorer la connaissance et la prévision de ces phénomènes.

Le 8 novembre 2013, le typhon Haiyan s'est abattu sur les Philippines, semant le chaos et faisant des milliers de victimes. C'est le cyclone touchant terre le plus violent jamais enregistré. Les plus fortes rafales ont atteint 375 km/h. Or la plupart des constructions étaient fragiles.

LES INONDATIONS

Elles ont lieu quand le sol ne peut plus absorber l'eau à cause de fortes pluies ou quand il pleut de façon prolongée. La pluie fait déborder les cours d'eau et provoque des crues. En bétonnant les sols pour construire de nouvelles zones habitables, l'homme aggrave le phénomène : l'eau de pluie ne peut plus s'infiltrer dans le sol. Le réchauffement climatique serait à l'origine de précipitations plus fréquentes et diluviennes qui favorisent les inondations. Les tsunamis, ainsi que les cyclones et leurs pluies, en sont aussi responsables.

Les crues

Lors d'une crue, un cours d'eau (un fleuve, une rivière) sort de son lit et inonde la plaine environnante, les terres agricoles, les habitations. On tente de contrôler les crues des fleuves en construisant des barrages qui retiennent le trop-plein d'eau et le libèrent progressivement. L'image ci-dessus montre une crue mémorable de la Seine en 1910. À la suite de pluies exceptionnelles, le fleuve a débordé et inondé de nombreux quartiers de Paris. Sur les grands boulevards, les gens circulaient en barque. Toutes les voies de communication ont été coupées.

Les redoutables crues éclair

Elles se caractérisent par leur courte durée et leur intensité. En quelques heures, une rivière paisible, gonflée par des pluies d'orage, peut se transformer en un torrent dévastateur et meurtrier. En 2010, dans le département du Var, en France, la rivière Nartuby, qui traverse plusieurs communes, est sortie de son lit après un violent orage (ci-dessous). Les flots tumultueux ont déferlé dans les rues, causant de nombreux dégâts et tuant 25 personnes.

Long de 3 780 km, le Mississippi, aux États-Unis, connaît de façon régulière des crues très importantes. Comme sa pente est très faible, l'eau a tendance à s'étaler et recouvre les plaines alentour sur une vaste superficie. Malgré les travaux entrepris pour dompter le fleuve (barrages régulateurs, canaux de dérivation...), les dégâts restent considérables. De nombreuses fermes et habitations ont trouvé la parade en s'entourant d'un mur d'enceinte protecteur (voir ci-dessus) ou d'une digue.

La ville de Quimperlé, dans le Finistère, en France, a souffert du passage de la tempête Dirk en décembre 2013. La conjonction des pluies et des grandes marées a fait déborder le fleuve côtier Laïta, qui n'a pu se déverser normalement dans l'océan. Ainsi, lors des grandes marées, deux fois par mois, le niveau de la mer s'élève sous l'effet de l'attraction combinée de la lune et du soleil. Les marées sont plus importantes.

La mousson, un fléau nécessaire

Dans les régions tropicales d'Asie du Sud-Est et de l'Inde, la mousson, un vent saisonnier, provoque chaque année des pluies torrentielles. Elles s'abattent pendant l'été, inondant les villes et les campagnes (ci-dessous). Ce fléau est pourtant très attendu par les populations, car il apporte l'eau indispensable à la culture du riz. En effet, cette céréale, qui constitue la base de l'alimentation dans ces régions, ne pousse qu'en terrains inondés (à droite).

LES AVALANCHES

Ce sont d'énormes masses de neige qui dévalent le flanc des montagnes. Leur vitesse dépend de l'altitude à laquelle elles se déclenchent, de la consistance de la neige et de l'inclinaison des pentes. Certaines emportent tout sur leur passage, dévastent des villages entiers et coupent les voies d'accès en effaçant le tracé des routes. Le plus souvent, elles ont lieu après un redoux des températures, des vents forts ou des chutes de neige abondantes qui déstabilisent le manteau neigeux. Le simple passage d'un skieur suffit alors à les déclencher.

Attention, danger !

Chaque année, dans le monde, les avalanches font de nombreuses victimes, en particulier des skieurs imprudents. Aussi, dans un but de prévention, conseille-t-on toujours de consulter la météo avant de partir, d'éviter certains endroits et de respecter la signalisation de danger.

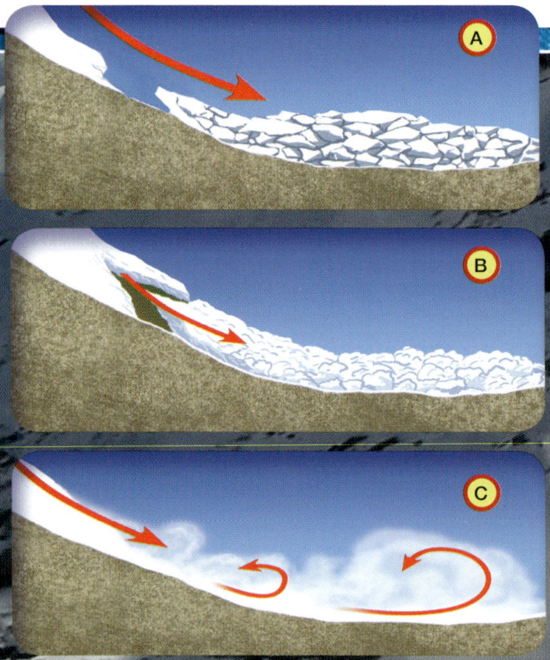

Les types d'avalanches

A : L'avalanche de plaque a lieu quand un gigantesque panneau de neige solide se détache du flanc d'une montagne.
B : L'avalanche de fonte (de la neige fondue) se produit après un redoux des températures.
C : L'avalanche de neige poudreuse est la plus dangereuse. Elle peut atteindre la vitesse de 300 km/h !

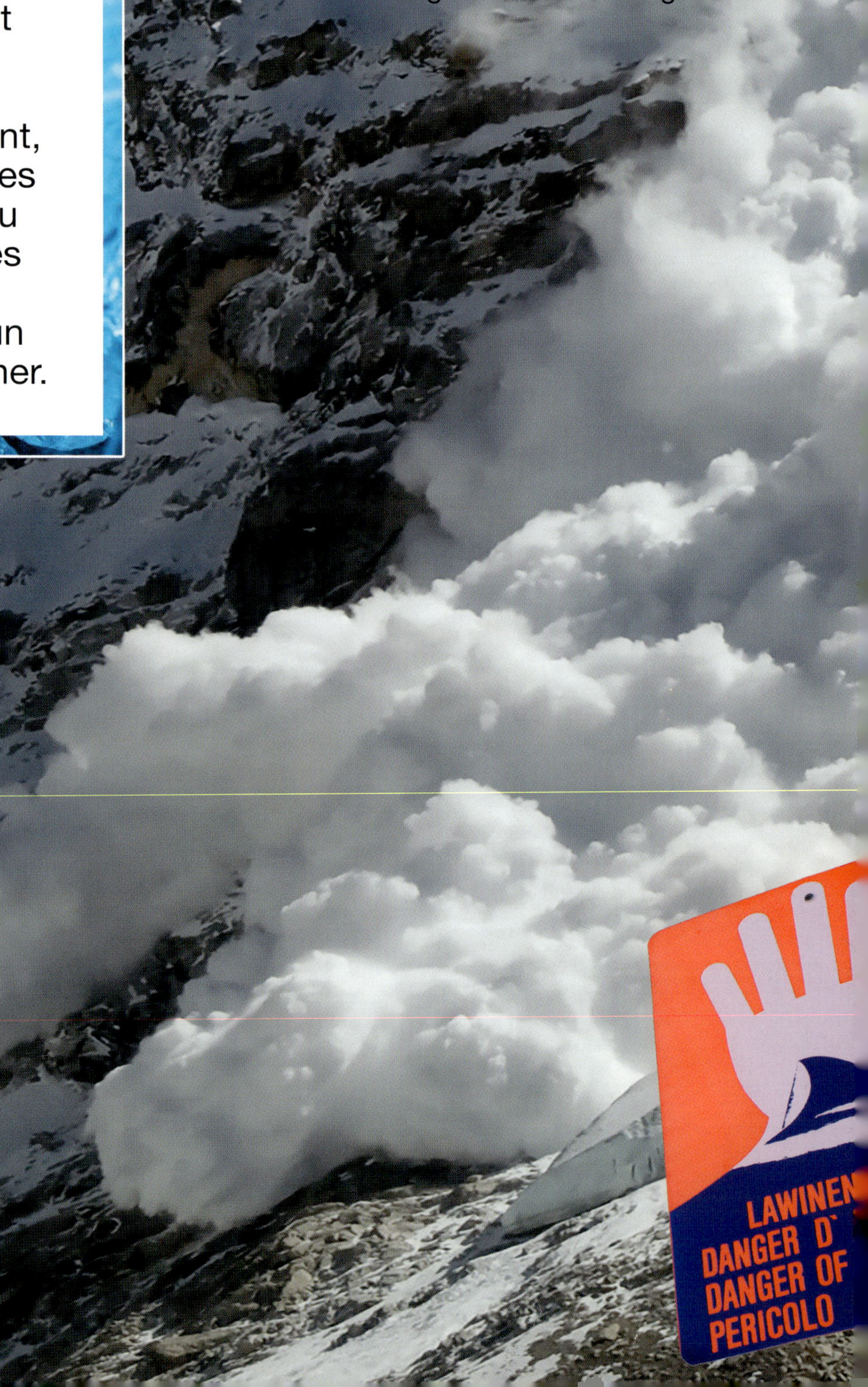

Les secours

Au-delà de 20 minutes, une personne victime d'une avalanche a très peu de chances de survivre. Elle meurt de froid ou s'asphyxie par manque d'oxygène, à moins de disposer d'une poche d'air. Il faut donc agir très vite ! D'énormes moyens sont mis en œuvre pour retrouver et dégager le plus rapidement possible les survivants (hélicoptère, maîtres-chiens, CRS de montagne, pisteurs-secouristes, pompiers, médecin). Munies de sondes, de longues perches de 4 à 6 m de haut, des équipes de sondeurs parcourent en rangs serrés le lieu où les victimes ont été vues pour la dernière fois.

Grâce à son odorat, le chien d'avalanche est très efficace pour retrouver les victimes ensevelies. Il peut explorer un hectare en une demi-heure. Dès qu'il a repéré quelqu'un, il gratte la neige pour avertir son maître.

On recommande aux skieurs de fond et à ceux qui pratiquent le hors-piste de se munir d'un émetteur-récepteur électronique appelé Arva (ci-dessus). D'une portée de 30 m, il permet à la victime d'être localisée ou aux secouristes de la repérer.

La prévention

Contre les effets dévastateurs d'une avalanche, la protection des zones habitées est nécessaire. Divers ouvrages y contribuent : à droite, des râteliers retiennent la neige dans les zones habituelles de départ des avalanches. Ils permettent de stabiliser le manteau neigeux. Si le risque est élevé, l'accès aux pistes est interdit. À titre préventif, on déclenche parfois l'avalanche artificiellement avec des explosifs avant l'ouverture des pistes.

ÉPIDÉMIES ET INVASIONS D'ESPÈCES

Certains êtres vivants sont à l'origine de calamités pour l'homme. La prolifération d'insectes ou d'oiseaux qui dévorent les cultures engendre parfois de terribles famines dans les pays pauvres. Invisibles, mais encore plus redoutables, des microbes provoquent de graves épidémies en contaminant de nombreuses personnes. De nos jours, la forte concentration de la population dans les villes multiplie les risques d'infection. L'essor des transports aériens facilite leur propagation.

La Peste noire

La peste, maladie mortelle très contagieuse, est due au bacille de Yersin, un microbe transmis à l'homme par la puce des rats. Elle se manifeste principalement sous la forme d'enflures sur le corps et provoque une fièvre élevée. L'hiver, elle s'attaque aux poumons. La plus grande épidémie, baptisée Peste noire, eut lieu au Moyen Âge entre 1334 et 1352. Partie de Crimée, en Europe orientale, elle gagna la Sicile en 1347, puis le port de Marseille, en France, véhiculée par les rats qui se trouvaient à bord de navires venus d'Orient. Rapidement, elle se propagea dans toute l'Europe. Pendant plus d'un siècle, elle disparut, puis elle réapparut par poussées. Les médecins, qui pensaient que la maladie se transmettait par l'haleine, portaient de drôles de masques avec un bec (voir à gauche). Le tiers de la population de l'Europe fut décimé ! Aujourd'hui, la peste menace encore certains pays pauvres.

Maudites grippes

Les virus de la grippe ne sont pas faciles à traiter, car ils prennent des formes différentes et peuvent muter rapidement. En 1918, la terrible grippe espagnole a tué 20 millions de personnes dans le monde ! D'autres très fortes épidémies lui ont succédé, comme la grippe asiatique, en 1957. La grippe aviaire, dont on parle beaucoup depuis 2003, n'affecte généralement que les oiseaux domestiques et le gibier d'eau migrateur. Mais son virus, appelé H5N1, est devenu transmissible à l'homme. Les premiers cas ont été recensés en Chine en 1997.

Ci-dessus, des malades de la grippe espagnole sont soignés dans un hôpital de l'armée, en 1918.

Le sida

Cette terrible maladie est due à un virus, le VIH, qui ne permet plus à l'organisme de se défendre contre les infections. Apparu dans les années 1980, le sida s'est répandu sur tous les continents. À cette échelle, on ne parle plus d'épidémie, mais de pandémie. Trente millions de personnes sont mortes de causes liées au virus. Il existe de nouveaux traitements qui ralentissent efficacement l'évolution de la maladie, mais ils coûtent cher. Dans les pays en voie de développement, de nombreux malades n'y ont pas accès. Sur l'image à droite, on allume des bougies lors de la Journée mondiale du sida, en mémoire des victimes.

Le paludisme

Cette maladie provoque une forte fièvre qui peut entraîner la mort. Elle est due à un parasite, le plasmodium, transmis par la piqûre de certains moustiques, et sévit dans les pays tropicaux. Le paludisme tue plusieurs centaines de milliers de personnes chaque année. Il n'existe actuellement pas de vaccin. La prévention est donc primordiale. On encourage les populations à utiliser des moustiquaires imprégnées d'insecticides. Des produits chimiques sont pulvérisés sur les eaux stagnantes, où les larves prolifèrent (à droite).

Fléau des cultures

Dans certains pays chauds, principalement en Afrique, mais aussi en Inde et au Moyen-Orient, les criquets, d'habitude solitaires, se regroupent parfois en essaims gigantesques et parcourent des milliers de kilomètres à la recherche de nourriture. Ils peuvent détruire en vingt jours toutes les récoltes d'un pays ! Parfois, les espèces s'associent, comme les criquets pèlerins et les criquets migrateurs. Aucune végétation n'est alors épargnée. La nourriture délaissée par les uns fait le bonheur des autres.

LES MÉTÉORITES

Des astéroïdes (fragments rocheux et/ou ferreux venus de l'espace) croisent parfois la trajectoire de la Terre. S'ils touchent le sol, on parle de météorites. Chaque année, plusieurs dizaines d'astéroïdes passent plus ou moins près de notre planète. Les plus petits inquiètent peu les scientifiques : ils se désintègrent en grande partie en entrant dans l'atmosphère et n'atteignent jamais le sol. Mais les plus gros peuvent provoquer d'importants dégâts, voire un cataclysme planétaire.

Extinction massive

Les dinosaures ont-ils été anéantis par la chute d'un astéroïde géant il y a 65 millions d'années ? L'intense activité volcanique qui régnait dans la région du plateau du Deccan (en Inde) à cette période n'est pas étrangère à leur disparition, mais c'est bien un astéroïde qui leur aurait porté le coup fatal. En s'écrasant, il aurait projeté très haut dans le ciel un gigantesque nuage de poussières qui aurait enveloppé toute la planète, la plongeant dans l'obscurité et le froid. Privées de lumière, de nombreuses espèces végétales auraient disparu, entraînant la mort de nombreux animaux herbivores, puis celle des carnivores qui les mangeaient.

Meteor Crater, dans l'Arizona (États-Unis), a été creusé par un astéroïde de plus de 300 000 tonnes il y a environ 50 000 ans. Son diamètre est de 1 200 m (la surface de 220 stades de football) et sa profondeur, de 190 m !

Que s'est-il passé le 15 février 2013 ?

Le 15 février 2013, un astéroïde d'environ 17 m de diamètre et de près de 10 000 tonnes s'est en partie désintégré dans l'atmosphère au-dessus de la région de l'Oural, en Russie, libérant une énergie équivalente à 30 fois la bombe d'Hiroshima. Une boule incandescente, accompagnée d'une vive lumière blanche et se déplaçant à très grande vitesse, est apparue dans le ciel de la ville de Tcheliabinsk. L'onde de choc produite par l'explosion de l'astéroïde en une pluie de météorites a soufflé les vitres de milliers de bâtiments. Plus de 1 200 personnes ont été blessées. De nombreux fragments de la météorite ont été retrouvés, dont le plus gros (570 kg) dans la vase, au fond d'un lac.

Sommes-nous menacés ?

Depuis les années 1980, les astronomes s'occupent de recenser les astéroïdes qui pourraient être dangereux pour la Terre et surveillent leur trajectoire. Un travail de longue haleine, car, s'il est facile de repérer les plus gros astéroïdes, des milliers d'autres, plus « petits » (jusqu'à 50 m de diamètre quand même !), jouent à cache-cache avec les télescopes. Mais cela avance : presque tous les « gros » cailloux (de plus de 1 km de diamètre) ont été recensés et aucun ne nous menace vraiment. Et si tel était le cas, nous aurions vraisemblablement plusieurs années pour préparer la riposte !

Le projet Don Quichotte prévoit d'envoyer une sonde qui frapperait tout gros astéroïde pour le dévier un peu de sa trajectoire.

D'AUTRES FLÉAUX

La sécheresse

Quand il ne pleut pas pendant une longue période, les réserves d'eau s'épuisent et la terre se dessèche. La sécheresse est due à des facteurs naturels (anomalies climatiques, variations de l'activité solaire...), mais elle est souvent aggravée par l'activité humaine (déforestation, surpâturage). Elle sévit dans plusieurs parties du monde. Cependant, certaines régions, déjà arides en temps normal, sont plus touchées. C'est le cas du Sahel, par exemple, une longue bande de territoire bordant le Sahara qui traverse l'Afrique d'ouest en est. Des sécheresses y sévissent régulièrement. Il peut se passer plusieurs années sans qu'il tombe une goutte de pluie. Certaines sécheresses ont entraîné de terribles famines, les cultures étant détruites et le bétail mourant de soif.

Des carcasses jonchant le sol : voilà l'un des tristes symboles de la sécheresse qui frappe régulièrement le Sahel.

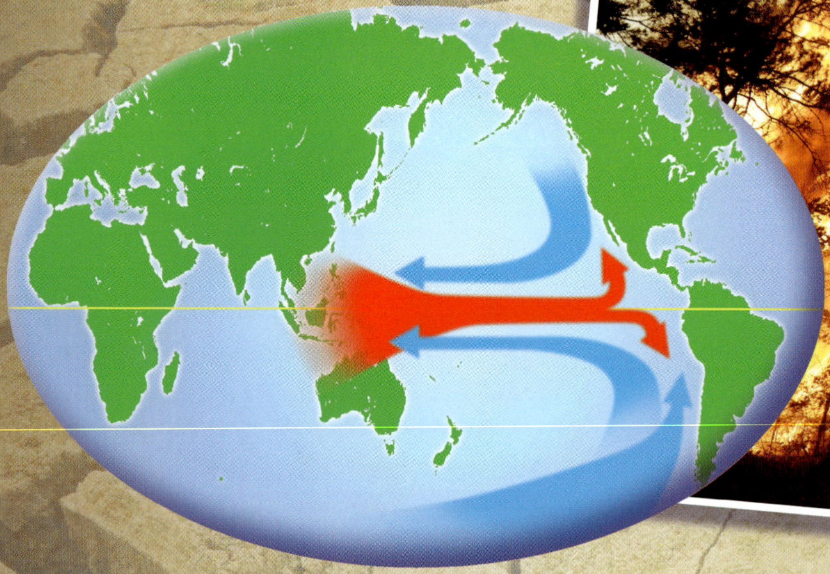

Les caprices d'El Niño

En temps normal, les côtes du Pérou sont longées par un courant froid animé par des vents réguliers, les alizés (en bleu sur la carte). Il arrive, sans qu'on ait de réelle explication, que la direction de ces vents s'inverse, car l'anticyclone (masse d'air froid et sec) qui se trouve au-dessus de l'est du Pacifique se déplace mystérieusement vers l'ouest. Un courant chaud arrive alors sur les côtes du Pérou (en rouge), augmentant la température de l'eau de 4 à 6 °C. On appelle ce courant El Niño (l'Enfant Jésus), parce que ses effets sont visibles vers Noël. Comme les courants exercent une influence sur les climats de notre planète, le temps se détraque un peu partout. Ainsi, en 1983, l'Inde manqua d'eau en pleine saison des pluies, le sud de l'Afrique connut une terrible sécheresse, de même que l'Australie, ravagée par de nombreux incendies (voir image ci-dessus). De violents cyclones dévastèrent la Polynésie, habituellement épargnée, et la Californie. En Colombie, des pluies diluviennes provoquèrent de graves inondations.

Quand la grêle tue

Redoutables pour les cultures, les averses de grêle deviennent meurtrières lorsque les grêlons atteignent un certain poids. Ainsi, en 1986, au Bangladesh, une averse de grêlons pesant de 750 g à 1 kg a tué 96 personnes. Ci-dessous, un grêlon géant de 800 g, tombé aux États-Unis.

Les glissements de terrain

Lorsque des roches ou de la terre à la surface d'une pente sont déstabilisées, il se produit un glissement de terrain. Ces phénomènes sont souvent provoqués par de fortes pluies, car le sol, saturé d'eau, perd de sa cohésion. Ce problème est encore plus grave dans les régions fortement déboisées, parce que la végétation n'absorbe plus l'excédent d'eau et les racines ne retiennent plus le sol. Les séismes, les éruptions volcaniques, l'érosion naturelle sont également responsables de nombreux glissements de terrain. Ci-dessus, des maisons ont été emportées lors d'un glissement de terrain en 2005 à Laguna Beach, en Californie (aux États-Unis), après un hiver particulièrement humide.

Le réchauffement climatique

Nous vivons sur Terre comme dans une serre. Certains gaz présents dans l'atmosphère, comme le gaz carbonique et le méthane, appelés gaz à effet de serre, interceptent la chaleur du Soleil et l'empêchent de repartir vers l'espace, ce qui maintient notre planète à une température propice à la vie. De tout temps, notre planète a connu des âges glaciaires et des périodes de réchauffement, car la quantité de ces gaz varie. Mais avec les activités humaines (production d'énergie, notamment), de plus en plus de gaz à effet de serre sont libérés dans l'atmosphère et la planète se réchauffe anormalement vite, ce qui déstabilise le système climatique. Les scientifiques ont observé que, dans l'Arctique, la fonte des glaces induite par ce réchauffement libère dans le sol d'importantes quantités de méthane emprisonné sous elles, ce qui aggrave de façon encore plus alarmante l'effet de serre.

Le dégel précoce de la banquise raccourcit la période de chasse de l'ours blanc, dont la survie est menacée.

TABLE DES MATIÈRES

MDS : 274692N1
ISBN : 978-2-215-14178-5

Dépôt légal à la date de parution.
Conforme à la loi n° 49-956 du 16 juillet 1949
sur les publications destinées à la jeunesse.
Imprimé en Italie (05/14).